JÜRGEN WOLF

WIE PERSÖNLICHE

VERÄNDERUNG

WIRKLICH GELINGT

AF191521

Ein kleines Arbeitsbuch

mit großer Wirkung

Für

Anja

Jürgen Wolf

WIE PERSÖNLICHE VERÄNDERUNG WIRKLICH GELINGT

Die
Benjamin-Franklin-Methode

Bibliografische Information der Deutschen
Nationalbibliothek:
Die Deutsche Nationalbibliothek verzeichnet diese
Publikation in der Deutschen Nationalbibliografie;
detaillierte bibliografische Daten sind im Internet über
http://dnb.dnb.de abrufbar.

© 2024, Jürgen Wolf

Fotos: Freepik, Pixabay, Wikipedia, Jürgen Wolf

Verlag: BoD · Books on Demand GmbH, In de Tarpen 42,
22848 Norderstedt
Druck: Libri Plureos GmbH, Friedensallee 273,
22763 Hamburg

ISBN: 978-3-7597-7560-3

Inhaltsverzeichnis

Benjamin Franklin

1706 – 1790

»Ein wahrhaft großer Mann
wird weder einen Wurm zertreten
noch vor dem Kaiser kriechen«

- Benjamin Franklin -

»Erzähle es mir und ich vergesse es
Bring es mir bei und ich merke es mir
Lass es mich machen und ich lerne«

- Benjamin Franklin -

Worauf wartest Du noch?

Wie oft hörte ich dich sagen,
du würdest große Dinge wagen.

Wann glaubst du, kommt der Tag,
da endet alle Müh und Plag.

Das du zu großen Taten schreitest
und du selbst dein Schicksal leitest...

Und wieder ging ein Jahr vorbei
und nie warst du, mein Freund dabei.

Wenn´s galt nun endlich zuzugreifen,
damit auch deine Früchte reifen

Woran es liegt, erklär es nur,
du hattest Pech, ach keine Spur.

Wie immer einzig und allein,
lag´s nur an dir allein.

Schau nur auf deine Hände bloß,
sie liegen schlaff in deinem Schoß

Statt endlich, endlich doch zu handeln
und alles in dir umzuwandeln

- Frank Bettger -

»Sei eine erstklassige Ausgabe deiner selbst,
keine zweitklassige von jemand anderen«

- Judy Garland -

Vorsätze - Wer kennt das nicht?

Silvester – ein neues Jahr beginnt und natürlich hat man wie üblich auch seine neuen Vorsätze. Es wird wieder Zeit,einige Dinge anders zu machen oder neu in das Leben zu integrieren. Doch nach wenigen Wochen merken wir, wie uns der Alltag und die alten Gewohnheiten wieder in unser *inneres Bonsai-Bäumchen* zurückholen wollen – und meist schaffen sie es auch.

Aber es ist ja nicht nur am Jahresanfang so. Wie oft fallen wir im Leben in ein Loch und haben das Gefühl orientierungslos zu sein. Sobald unsere Energie es wieder zulässt, nehmen wir uns vor ENDLICH unser Leben zu verändern. Man liest ein gutes Buch, schaut eine interessante Dokumentation im Fernsehen, entdeckt ein tolles Zitat im Internet und findet so einige neue Sichtweisen für das weitere Leben. Die Biographie eines Menschen, der einem etwas bedeutet, inspiriert dazu, neue Inhalte, Werte, Ziele und Wünsche in sein Leben einzufügen. Aber vieles davon bleibt dann wieder auf der Strecke.

Jetzt kommt jemand daher und bietet die *Benjamin-Franklin-Methode* an. Noch eine Methode, welche Dir die Erfüllung Deiner Wünsche versprechen will? Nein, diese Methode macht nichts für Dich.

Bist Du jetzt enttäuscht?

Nicht die Methode macht etwas für Dich. Nur Du machst es – nur Du kannst diese Veränderungsarbeit umsetzen und erfolgreich in Dein Leben integrieren. Die *Benjamin-Franklin-Methode* ist lediglich eine sehr wirksame Unterstützung, wirklich Dein Leben zu verändern. Sie zeigt Dir einen Weg auf – gehen muss Du ihn alleine. Du bist und bleibst die Person, die ins Handeln kommt.

Ernüchternd für Dich?

Wieso nur, schaffen wir es nicht, einen neuen Weg durchzuhalten? Wieso gewinnen immer wieder unsere *inneren Wächter*, die keine Veränderungen unserer alten Gewohnheiten zulassen wollen?

Solltest Du Dich jetzt mit

dieser Methode beschäftigen?

Wenn Du ein Mensch bist, der sich immer weiterentwickeln möchte und dem das Wort *Möglichkeiten* etwas bedeutet – dann ja!

Es gibt sicher in Deinem Leben Momente, in der Du Dir wünschst, bestimmte Glaubensmuster abzulegen und loszulassen. Andere Glaubensmuster, welche Dir viel nützlicher sein könnten, liegen aber in Dir verborgen. Eventuell kennst Du sie sogar, traust Dich aber nicht, sie leben zu lassen. Dann gibt es noch Muster, die sehr versteckt in Dir sind. Diese zu ent-decken ist eines der Hauptziele dieses Buches.

Wenn Du das Wort MÖGLICHKEITEN magst,

wirst Du diese Methode lieben

Ich hatte in meinem Leben so einige Situationen, in denen ich nicht mehr wusste, in welche Richtung es weiterlaufen wird. Wie so viele andere, habe ich Bücher gelesen oder bin auf verschiedenen Seminaren gewesen. Einige Themen waren sehr hilfreich, doch der *Big-Point* für mein Leben war nie dabei, oder ich habe ihn nicht erkannt.

Irgendwann las ich die Autobiographie von Benjamin Franklin. Darin war unter anderen eine Methode von ihm erklärt, die mich energetisch sehr ansprach. Sie war so ganz anders, als die bisherigen Möglichkeiten. Sie bot eine recht einfache und kreative Veränderungsstruktur an. Ich war wieder in der Phase, mir Gedanken über einen neuen Lebensabschnitt zu machen. Meine Werte waren mir völlig abhanden gekommen. Teilweise kannte ich sie nicht mal. Ich hatte nie den richtigen Plan, endlich meinen neuen Weg zu gehen.

Beim lesen der Benjamin Franklin Biographie, lernte ich mich neu kennen. In mir fand eine positive Wandlung statt.

Dann probierte ich diese Methode aus...

und sie veränderte mein Leben komplett. Da die Zeiten sich ja ändern, modernisierte ich die Methode und integrierte sie in die neue Zeit. Geistig stellte ich mir mein weiteres Leben als eine breite Straße vor, an deren Seiten Leitplanken aufgebaut waren.

Energetisch standen sie für meine Werte und Glaubensmuster. Durch diese ungewöhnliche Methode begleiten sie mich noch heute und geben mir *Geleitschutz* auf meinem Lebensweg.

Das Portrait von Benjamin Franklin
befindet sich auf der
Einhundert-US-Dollar-Banknote

Wer war Benjamin Franklin?

Franklin war Wegbereiter und Unterzeichner der amerikanischen Verfassung. Er wurde als zehnter Sohn eines Seifen- und Kerzenmachers 1706 in Boston geboren.

1721 gründete er den New England Courant, die vierte Zeitung der Kolonie. Franklin selbst schrieb heimlich vierzehn Essays dafür, die gleichzeitig seine ersten Veröffentlichungen waren.

Von 1730-1748 war er Herausgeber der Pennsylvania Gazette.

1748 genoss er die finanzielle Unabhängigkeit und hohe Anerkennung für sein philanthropisches Wesen und seine Motivationsfähigkeit, die er unter anderem Krankenhäusern, Bibliotheken und anderen bildenden Institutionen zukommen ließ.

Unermüdlich und voller Energie fand er obendrein die Zeit, seinen wissenschaftlichen Interessen nachzugehen und ferner in die Politik zu gehen.

1755 wird Franklin ein angesehenes Mitglied im Kongress in Philadelphia. Dreizehn Monate später saß er bereits im Komitee, dass die Unabhängigkeitserklärung der Vereinigten Staaten konzipierte. So war er einer der Gründerväter der Vereinigten Staaten von Amerika.

Franklins Leben war in hohem Maße von dem Willen geprägt, das Gemeinwesen zu fördern. Er gründete die ersten Freiwilligen Feuerwehren in Philadelphia, sowie die erste Leihbibliothek Amerikas und konstruierte einen besonders effektiven und raucharmen Holzofen. Auch machte er wissenschaftliche Entdeckungen. Er erfand unter anderem den Blitzableiter.

Voller Energie bis an sein Lebensende wurde er 1787 zum ersten Präsident der Gesellschaft gegen Sklaverei gewählt – ein Anliegen, was er sich bereits in den frühen dreißiger Jahren selbst versprochen hatte.

(Aus USA-Magazin)

Wie funktioniert die Benjamin-Franklin-Methode?

Benjamin Franklin fand heraus, welche seine persönlichen Schwachstellen waren. Um diese zu verändern, konzentrierte er sich darauf, sich jede Woche einem anderen Thema zu widmen – und dies dreizehn Wochen lang. Er probierte verschiedene Methoden, Tricks und Strategien aus, bis sie zur Gewohnheit für ihn wurden. Daraus entstand dann von ihm die *Franklin-Strategie*, wie sie hier im Buch beschrieben ist (obwohl er sie selbst nicht so nannte).

Diese Grundidee habe ich dann in die heutige Zeit übertragen. Du spürst ständig, dass Du ein bestimmtes Thema immer wieder vernachlässigst? Dann mache dieses jetzt zu Deiner Hauptaufgabe – zu Deiner Priorität. Ich habe es z.B. nie geschafft, mich von Menschen zu distanzieren, die mir immer wieder Energie genommen haben.

Durch diese Strategie hat sich zwar mein Bekanntenkreis etwas gelichtet, aber meine positiven Energien sind in meiner inneren Hitparade bis an den obersten Platz gestiegen.

Natürlich könnte man das Thema Glaubensmuster mit den Schwachstellen bis ins kleinste Detail hier herausarbeiten. Das ist aber nicht meine Absicht. Dieses Buch soll einfach, effektiv und im Alltag leicht umzusetzen sein.

Die Philosophie dieses Buches ist ganz einfach:

Kleines Buch mit großer Wirkung

Kommen wir also zur *Franklin-Strategie.*

Mit 79 Jahren sagte er:

»Ich hoffe, dass später einige Menschen

meinem Beispiel folgen und daraus Gewinn ziehen«

Er meinte die Methode seiner Lebensregeln. Franklin stellte sich dreizehn Punkte auf, die er als wichtig erachtete und die er Woche für Woche befolgte. So konnte er binnen dreizehn Wochen seine Liste durchgehen und sie viermal im Jahr befolgen.

Es funktioniert tatsächlich. Es ist die beste Veränderungs-Methode die ich kenne. Du bist ständig mit einem der dreizehn Punkte eine Woche lang beschäftigt.

Du konzentrierst Dich eine Woche auf ein Thema – eine Regel. Du musst dieses Thema jetzt nicht ständig umsetzen, aber Du denkst unbewusst daran und wirst damit in alltäglichen Situationen konfrontiert.

Sicher kennst Du das: Man möchte sich ein neues Auto kaufen und hat sich schon auf das Modell und die Farbe festgelegt. Auf einmal sieht man dieses Modell mit genau der Farbe ständig auf der Straße. Vorher ist einem gar nicht aufgefallen, dass es so viele davon gibt.

Wenn Du Deine dreizehn Regeln notiert hast und Dir jedes Thema eine Woche verinnerlichst, wiederholt sich diese Regel viermal im Jahr. Der Inhalt Deiner Regel, wird plötzlich ein Teil von Dir und integriert sich in Deinen neuen Weg. Ich habe jede meiner Regeln auf ein kleines Karteikärtchen geschrieben und immer bei mir getragen. Jedes mal, wenn ich meine Geldbörse öffnete, sah ich meinen Leitfaden der Woche. Diese Methode war für mich so inspirierend, dass ich sie nach einem Jahr weiter nutzte und Einige , die inzwischen ein Teil von mir wurden, gegen Neue austauschte. Wenn man sich intensiv damit beschäftigt, ist es auffällig, dass auch andere berühmte und interessante Persönlichkeiten sehr kreative und spannende Lebensregeln hatten. Diese Weisheiten öffneten mir Türen zu völlig neuen Denkweisen.

So fand ich immer wieder neue Hinweise und Ideen für meine Lebensegeln, oder wie ich sie heute nenne – Lebensweisheiten. Einige davon stelle Ich Dir in diesem Buch vor. Sie werden Dir eine Hilfe sein, Deine Lebensregeln zu finden.

Wenn Du zunächst die Regeln von Benjamin Franklin liest, wirst Du sicher öfters mal schmunzeln, aber denke an die Zeit, in der er wirkte. Bei einigen Regeln wirst Du sogar einen kleinen *Aha-Effekt* erleben, denn sie sind heute noch aktueller denn je.

Das Benjmin Franklin National Memorial befindet sich in der Rotunde des Franklin Institute in Philadelphia und ist eine riesige sitzende Statue von Benjamin Franklin. Das sechs Meter hohe Denkmal das von 1906 – 1911 von James Earle Fraser geschaffen wurde, ehrt den Schriftsteller, Erfinder und amerikanischen Staatsmann. Die Statue wiegt siebenundneunzig Tonnen und sitzt auf einem dreiundachtzig Tonnen schweren Podest aus weißem Seravezza-Marmor.

Das Denkmal war ein Schauplatz in dem Film
»Das Vermächtnis der Tempelritter«

Die Lebensregeln von Benjamin Franklin

Mäßigkeit

Iß nicht bis zur Stumpfheit,

trink nicht, wenn du erregt bist.

Schweigen

Rede nur soviel, als es anderen oder dir selbst hilft

Ordnung

Gib jedem Ding seinen Platz.

Räume all deinen Tun die angemessene Zeit ein.

Genügsamkeit

Gib nur dann Geld aus, wenn es anderen oder dir

zum Guten gereicht, d.h.: Verschwende nichts.

Fleiß

Verliere keine Zeit.

Beschäftige dich immer mit nützlichen Dingen.

Vermeide jede unnötige Handlung.

Aufrichtigkeit

Sei nicht hinterlistig. Denke und handle ehrlich
und gerecht. Sprich so wie du denkst.

Gerechtigkeit

Verletze niemanden, indem du ihm
Unrecht tust oder ihm eine Hilfe versagst.

Beherrschung

Vermeide Extreme

Reinlichkeit

Dulde nichts Unreines, weder an deinem Körper
noch an deiner Kleidung, noch an deinem Wohnort.

Ruhepause

Lass dich durch Kleinigkeiten oder unliebsame
Zwischenfälle nicht aus der Ruhe bringen.

Harmonie

Sorge für innere Ausgeglichenheit.

Entschlossenheit

Entschließe dich, das zu leisten, was du leisten musst.

Leiste was du zu leisten beschlossen hast.

Bescheidenheit

Lebe wie Jesus.

Franklin weist darauf hin, das es nicht ausreicht, vollkommen tugendhaft zu sein, um uns vor dem Straucheln zu bewahren. Die gegenteiligen Gewohnheiten müssten abgelegt, Vorteilhafte dafür erworben und gefestigt werden. Zu diesem Zweck erfand er diese Methode. So fasste er dann von dreizehn Tugenden alles zusammen, was ihm zu jener Zeit als notwendig oder wünschenswert einfiel, und gab jeder Tugend (Regel) einen kurzen Lehrsatz, welcher die Ausdehnung ausdrückte. Da es seine Absicht war, sich all die Gewohnheiten anzugewöhnen, hielt er es für gut, seine Aufmerksamkeit zu zersplittern, indem er nicht alle auf einmal versuchte, sondern sein Augenmerk immer nur auf eine der Tugenden richtete – bis er alle dreizehn erreichte. Er nahm sich vor, auf jede dieser Regeln der Reihe nach eine Woche achtzugeben. Wenn er auf diese Weise bis zur letzten der dreizehn Regeln kam, konnte er in dreizehn

Wochen einen vollständigen Kurs und in einem Jahr vier Kurse durcharbeiten.

Ist das nicht wunderbar? Ein Kurs, der nur für Dich bestimmt ist, ein Kurs, den Du selbst zusammengestellt hast. Du glaubst gar nicht, wie viel Spaß zusätzlich damit verbunden ist.

Nachdem ich diese Methode von Franklin kennengelernt hatte, probierte ich es dann selbst aus. Natürlich mussten die Regeln für mich moderner und auf mich zugeschnitten sein.

Ich suchte nach Möglichkeiten (mein Lieblingswort), um meine Lebensregeln mit Inhalten zu füllen. Ich stelle Dir einige Hinweise in diesem Buch vor. Sicher wirst Du für Dich interessante Themen finden, welche Du vielleicht gerade jetzt brauchen könntest.

Zurück zu meinen damaligen Lebensregeln.

Du solltest diese natürlich nicht übernehmen, doch kannst Du vielleicht einige Schwingungen in Dir spüren, wenn Du die eine oder andere Weisheit liest und daraus Eigene findest.

Meine damalige Lebensregeln
nach dem Prinzip von Benjamin Franklin:

Lass das Gestern los

Glaube an dich

Akzeptiere jeden wie er ist

Organisiere Dich

Sag was Du meinst

Sorge für Ausgeglichenheit

Die Macht bleibt bei mir

Aktion = Reaktion

Lebe deine Berufung

Ich bin verantwortlich

Gib nie, niemals auf

Behalte Dein Ziel im Auge

»Was hilft es, bessere Zeiten zu wünschen

und zu hoffen. Ändert euch nur selbst,

so ändern sich auch die Zeiten.

Ohne Mühe geht nichts«

- Benjamin Franklin -

Ich schrieb jede Regel auf ein kleines Karteikärtchen und trug sie immer bei mir. Natürlich gibt es noch andere Varianten. Z.Bsp. auf einen größeren Zettel schreiben und im Bad an den Spiegel hängen, usw. Wichtig ist nur, dass Du täglich den Zettel, oder die Karte sehen kannst. Wenn Du diese in eine Ablage oder Schublade legst, wird es natürlich nicht funktionieren.

Sicher werden jetzt viele denken, warum nicht auf meinem Smartphone? Kann man - muss man aber nicht!

Ich hatte es auch probiert, doch war der Zauber etwas verflogen. Franklin hatte ja auch keines. Ich schrieb meine Regeln dann doch wieder auf kleine Karteikärtchen. Allein es zu schreiben hatte schon etwas... nicht tippen.

Zu diesen Regeln stellte ich mir noch eine Eigensuggestion zusammen. Diese schrieb ich auf und hing sie in mein Büro, mit einem schönen Rahmen versehen, an die Wand.

Ich lernte sie auswendig und beim Joggen oder sonstigen Sportarten, powerte ich sie ständig vor mich hin.

Diese Eigensuggestion entwickelte sich automatisch beim Erstellen meiner damaligen dreizehn Regeln – Zufall?

Meine Eigensuggestion von damals:

Ich bin eine sympathische

und erfolgreiche Persönlichkeit

Ich besitze eine charismatische

Ausstrahlung und erziele eine positive

Wirkung auf meine Mitmenschen

Klar und voller Tatkraft verwirkliche

ich meine Wünsche und Ziele

Automatisch ziehe ich genau die Menschen

an, die mich bei der Verwirklichung

meiner Ziele unterstützen

Ich bin optimistisch, voller Mut

und eine strahlende lebensfrohe Persönlichkeit

Hat das einen Wert für mich ?

Eine sehr große Hilfe für Deine Regeln ist eine Werteermittlung für Dich.

Unsere Werte sind ausschlaggebend, wie gern oder ungern wir etwas erledigen. Jeder Mensch hat Werte. Wir nehmen sie allerdings meistens nicht wahr. Wenn wir Entscheidungen treffen und dabei ein unangenehmes Bauchgefühl haben, ist es möglich, dass es zu einer *Wertekollision* gekommen ist. Werte üben auf unsere Einstellungen, unsere Handlungen, unsere Gedanken mehr Einfluss aus, als alle anderen Funktionen in unserem Leben. Die Wahl des Lebenspartners, der Freunde, berufliche Entscheidungen, sogar die Auswahl Deines Autos, sowie der momentane Wohnort – Deine Werte haben diese Entscheidungen massiv beeinflusst. Es ist gut, Aufgaben und Entscheidungen an Werten auszurichten, die uns wichtig sind. Ist dies nicht der Fall, sind wir ständig mit Wertekollisionen beschäftigt. Diese rauben uns Energien und machen uns das Leben nicht einfacher. Schauen wir mal einen Menschen an, nennen wir ihn einfach mal Stefan. Seine obersten Werte heißen Kreativität und Lebensfreude. Stefan arbeitet in einer Firma, in der noch die Regel gilt; oben der Häuptling, unten die Indianer. Das Motto der Firmenleitung: Verrichten sie ihre Arbeit, dafür bekommen sie ihr Geld. Stefan macht seine Arbeit gut, hat jedoch auch hin und wieder sehr kreative Einfälle, um neuen Schwung in die Firma zu bringen. Ab und an hört sich der Vorgesetzte diese Ideen auch an. Jedoch wird keine davon umgesetzt. Es wird nur geredet – oder auch zerredet.

Die Motivation von Stefan wird nicht die Allerbeste sein. Vielleicht arbeitet er sein ganzes Leben in dieser Firma. Was fängt er mit seinen Werten *Kreativität* und *Lebensfreude* an?

Wahrscheinlich wird er sie nur in seiner Freizeit, in seinem Hobby ausleben.

Warum sind so viele Menschen unglücklich in ihrem Beruf? Warum leben wir unsere Werte, meist in der Freizeit aus, in den Hobbys?

»Wer der Meinung ist,

dass man für Geld alles haben kann,

gerät leicht in den Verdacht,

dass er für Geld alles zu tun bereit ist«

- Benjamin Franklin -

Hobbys sind verneinte Berufungen

Es ist überaus wichtig, die eigenen Werte zu kennen. In vielen Fällen werden sie von anderen Personen vorgegeben. In unserer Kindheit haben wir oft die Werte unserer Eltern mit-gelebt. In der Schule ging es genauso weiter. Heute werden unsere Werte oft durch Werbebotschaften vorgegeben und beeinflusst. *Wenn du Produkt X benutzt, gehörst du zu einer besonderen Gruppe von Menschen.* Konzentriert man sich etwa nur auf´s Geld verdienen, bekommt man auch nur das Geld. Doch was nutzt der Reichtum alleine, wenn man sich einsam fühlt? Ist einer Deiner obersten Werte *Natürlichkeit*, hast Du mit allen künstlich herbeigeführten Themen nichts zu tun. Ist Dein oberster Wert *Glaubwürdigkeit*, sind Dir die gesprochenen Worte der Menschen sicher wichtig, doch entscheidend ist für Dich, ob die Inhalte dieser Worte auch umgesetzt werden. Ich will jetzt keine weiteren Werte hier als Beispiel nennen, Du wirst Deine eigenen finden. Richte Dein Leben möglichst nach Deinen Werten aus.

Lebe und handle nach Deinen inneren Werten

Lebe diese und handle danach! Wenn Du Deine Werte-Hierarchie kennst, kannst Du kongruent mit Dir selbst sein. Das hat dann einen Wert für Dich

Werte sollten für alle Bereiche Deines Lebens definiert werden. Wir sind ja nicht ständig mit Arbeit oder mit unseren Hobbys beschäftigt. Definiere Deine Werte in den Bereichen:

Karriere / Beruf

Beziehung/Partnerschaft

Gesundheit/Fitness

Persönliches Wachstum

Spiritualität

Persönliches Wachstum bedeutet Weiterbildung und Weiterentwicklung. Um ganzheitlich zu denken, solltest Du Deine Werte aus allen Bereichen kennen und leben. Es wird sehr schwierig für eine Hausfrau mit Kleinkindern, wenn Sie wenig Zeit zur Verfügung hat, durch Weiterbildung ihr persönliches Wachstum zu fördern. Wertekollisionen können in den kleinsten Bereichen vorkommen. Sie rauben Energien und nehmen uns den Spaß.

Du kennst sicher Menschen, mit einer besonderen Ausstrahlung. Diese Leute, mögen es Persönlichkeiten aus der Politik, dem Showbusiness, der Kultur oder Deinem Umfeld sein, leben Ihre Werte intensiv aus. Sie sind charismatisch und haben das gewisse Etwas. Sie lassen sich nicht beeinflussen, sondern richten ihr Leben und ihren Lebensinhalt nach ihren Werten aus. Werte können sich im Laufe der aber auch Zeit verändern.

Richte Dein Leben

möglichst nach Deinen Werten aus

Auch Du wirst Dich immer wieder verändern. Veränderungen sind wichtig. Stell Dir einmal vor, ein Bekannter, den Du lange nicht gesehen hast, sagt zu Dir:

»Du hast dich ja gar nicht verändert«

Nicht immer ein Kompliment!

Wenn Du die Ermittlung Deiner Werte einmal im Jahr neu durchführst, wirst Du manchmal starke Veränderungen feststellen können, denn Du entwickelst Dich ja weiter.

Übrigens: Bei einigen unsere Zeitgenossen hört man immer wieder mal die Aussage:

»Das hat doch keinen Wert«

Sicher kannst Du das jetzt neu einordnen. Diese Menschen kennen oder leben ihre Werte oft nicht.

Viel Spaß beim finden Deiner Werte und beim herausfinden, der Wichtigsten für Dich.

»Wer die Freiheit aufgibt,

um Sicherheit zu gewinnen,

wird am Ende beides verlieren«

- Benjamin Franklin -

Werteermittlung

Was sind eigentlich Werte?

Einige stelle ich Dir hier vor. Es soll nur ein Leitfaden sein. Sicherlich findest Du noch andere Werte, die hier nicht aufgeführt sind.

Werteliste

Liebe - Freude - Klarheit - Kreativität - Lebensfreude

Geborgenheit - Vertrauen - Neugierde - Aufrichtigkeit

Achtung - Erfüllung - Ehrfurcht - Einheit

Freiheit - Humor - Begeisterung - Zartheit

Zielstrebigkeit - Gerechtigkeit - Schönheit

Optimismus - Anmut - Offenheit - Wachheit

Achtsamkeit - Natürlichkeit - Geborgenheit

Intuition - Weisheit - Zuverlässigkeit - Ehrlichkeit

Wertschätzung - Väterlichkeit - Mütterlichkeit

Kindlichkeit - Dankbarkeit - Toleranz - Neugierde

Verständnis - Glaubwürdigkeit - Sparsamkeit

Zärtlichkeit - Kontaktfreudigkeit - Vergebung

Aufrichtigkeit - Erotik - Ekstase - Disziplin

Harmonie – Frohsinn – Toleranz – Klugheit

Gelassenheit – Innovation – Leistung – Tradition

Sportlichkeit – Leidenschaft – Macht – Behutsamkeit

Verantwortung – Phantasie – Veränderung – Charisma

Würde – Glück – Kompetenz – Häuslichkeit

Behutsamkeit – Effektivität – Lust – Genuss – Wissen

Treue – Hingabe – Herzlichkeit – Kommunikation

Einsicht – Bewusstheit – Integrität – Achtsamkeit

Engagement – Verbindlichkeit – Hoffnung – Lachen

Menschlichkeit – Mitgefühl – Sinn – Ordnung

Besonnenheit – Güte – Leichtigkeit – Schönheit

Vitalität – Lust – Frieden – Geduld – Wandel

Perfektion – Träumen – Klarheit – Offenheit – Ruhe

Loyalität – Akzeptanz – Spiritualität – Kraft

Tradition – Heimat – Großzügigkeit – Vielfalt

Erfolg – Natur – Ästhetik – Bescheidenheit – Sorgfalt

Fairness – Ernsthaftigkeit – Fröhlichkeit

1. Schritt

Finde zu jedem einzelnen Bereich mindestens drei Werte.
Frage Dich: Was ist mir wichtig in Bezug auf
Karriere/Beruf, Beziehung/Partner...usw.

Was ist mir wichtig in Bezug auf...

Lege keine Reihenfolge fest, sondern finde einfach drei Werte für jeden Bereich, die Du hier oder auf einem Zettel eintragen kannst.

Karriere / Beruf

....

....

....

Beziehung / Partnerschaft

....

....

....

Gesundheit / Fitness

....

....

....

Persönliches Wachstum

…......................................

…......................................

…......................................

Spiritualität

…......................................

…......................................

…......................................

2. Schritt

Lass Dir einige Stunden Zeit und überprüfe nochmal in jedem Bereich die Reihenfolge Deiner Wichtigkeit. Frage Dich bei allen aufgeschriebenen Werten: Was ist mir wichtiger, dieser oder jener Wert?

Beispiel: Du hast die Werte *Glaubwürdigkeit*, *Disziplin* und *Geborgenheit*. Mache einen Strich hinter dem Wert, der Dir wichtiger erscheint. Es kann vorkommen, dass Du Dich nicht festlegen kannst, weil Dir beide Werte im Vergleich wichtig sind. Du musst – oder besser – darfst Dich dennoch für einen Wert entscheiden. Wer es noch intensiver herausfinden möchte, sollte sich die Frage dann so stellen:

Was ist mir wichtiger im Leben: *Glaubwürdigkeit* ohne *Disziplin* oder *Disziplin* ohne *Glaubwürdigkeit?* Probiere es einfach mal aus!

Du wirst den Unterschied fühlen. Die Ermittlung Deiner Werte wird sicher einige Zeit in Anspruch nehmen.

Lass Dich auf keinen Fall dabei stören und nimm Dir diese Zeit. Glaube mir, es gibt kaum Dinge, die wichtiger für Dich sind.

Ein kleiner Tipp:

Wenn ich mich zurückziehe und völlig in Ruhe Gedanken aufbauen möchte, hänge ich an die Tür ein Schild mit dem Satz:

»BITTE NICHT STÖREN - ICH HIRNE!«

Kennst Du den *Sägezahn-Effekt?* - Der kommt aus dem Zeitmanagement und bedeutet, dass immer wenn Du im Gedankenprozess bist und Gedanken aufeinander aufbauen, alles zusammenbricht, wenn jemand ins Zimmer kommt. Es reicht schon, wenn das Telefon klingelt oder jemand an die Tür klopft. Du bist völlig raus aus dem Prozess von Lösungsfindungen und musst wieder ganz vorne anfangen. Das geht auf Kosten der Kreativität, Energie und natürlich

Zeit. Ganz zu Schweigen von den Möglichkeiten, welche Du sicher gefunden hättest.

Ein kleiner Service.

Auf der nächsten Seite habe ich Dir mal so ein Blatt vorbereitet. Du kannst es ja kopieren und bei Deiner nächsten *Hirn-Offensive* an die Tür hängen. Natürlich vor die Tür ;-))

BITTE NICHT STÖREN

ICH HIRNE

3. Schritt

Jetzt erst schreibst Du Deine Werte in der entsprechenden Reihenfolge und Wichtigkeit zu jedem Bereich extra auf.

Karriere / Beruf

…..

…..

…..

Beziehungen / Partnerschaft

…..

…..

…..

Gesundheit / Fitness

. . . .

. . . .

. . . .

Persönliches Wachstum

. . . .

. . . .

. . . .

Spiritualität

. . . .

. . . .

. . . .

4. Schritt

Nimm Dir aus allen fünf Bereichen die Werte, die Du auf Platz Eins stehen hast. Wichtigster Wert im Bereich:

Karriere und Beruf

…...

Beziehung/Partnerschaft

…...

Gesundheit / Fitness

…...

Persönliches Wachstum

…...

Spiritualität

…...

Diese bringe nach der gleichen Methode wie in Schritt drei in die Reihenfolge Deiner Wichtigkeit.

Jetzt hast Du Deinen wichtigsten Wert im Leben

MEIN WICHTIGSTER WERT IM LEBEN IST:

_____

Welche Gedanken sind Dir in Deiner Werteermittlung gekommen? Mache Dir Notizen, an welchen Punkten bei Dir etwas ins schwingen kam. Diese *Botschaften* kannst Du entsprechend in Deinen dreizehn Lebensregeln berücksichtigen.

Der Zauberspiegel

Ich möchte Dir noch eine weitere sehr ungewöhnliche Methode vorstellen, Inhalte für Deine dreizehn Regeln zu finden. Nebenbei wirst Du Dir dabei auch selbst begegnen. Nicht schlecht – oder?

Um Anregungen für meine Regeln zu finden, kam ich durch *Zufall !!* an eine ungewöhnliche Übung, die mir aber sehr nützlich für mein damaliges Thema der Veränderung war.

Ich begegnete in meiner Ausbildung im Bereich *Alternative Psychotherapie* einem Lehrer, der folgendes mit mir durchführte: Er sagte, ich solle mich einfach hinstellen. Dann trat mir gegenüber und nahm genau meine Haltung und Mimik ein. Er spiegelte mich förmlich und blieb wie erstarrt und unbeweglich stehen.

Meine Aufgabe war es nun, um ihn (mich) herumzugehen und aufzuschreiben, was mir auffiel. Die Frage war. *Wie wirkt dieser Mensch, den du hier siehst, auf dich?* Ich schaute ihn (mich) also länger an und schrieb auf, welche Wirkung ich wahr nahm. Meine Antworten, die ich notierte schockten mich, denn es kamen Begriffe wie: ängstlich, unsicher, zweifelnd, abhängig, usw. vor.

Jetzt kam die nächste Stufe, die ich erst gar nicht ernst nahm. Ich sollte zu dem Wort dass ich notierte dazuschreiben, was das Positive daran ist…..

Was ist das Positive daran, ängstlich zu sein?

Also, was ist das Positive daran, ängstlich zu sein?

Was ist das Positive daran, zweifelnd zu sein?

So ging ich Aufgabe für Aufgabe an und habe mich damit noch sehr schwer getan. Was sollte das Positive daran sein, ängstlich zu sein? Spinnt er, mein Lehrer? Doch nach einer Weile merkte ich, dass es darauf tatsächlich Antworten gibt.

Was war für mich damals das Positive, Angst zu haben? Aus der Tiefe meines Unterbewusstseins kamen die Hinweise: – *das Positive daran ist, dass du nicht jedem vertraust, sondern vorsichtig bist.* Dann sprudelte es förmlich. Allein bei dem Thema Angst kam am Ende heraus, dass ich Dinge tat, von denen ich gar nicht überzeugt war. Ich machte mich von Situationen und negativen Personen abhängig, so dass ich letztendlich die eigene Macht über mich verlor. So fand ich meine erste Regel für meine Franklin-Strategie:

DIE MACHT BLEIBT BEI MIR!

Diese Übung kannst Du nur mit einer anderen Person machen. Am Anfang wird sicher viel gelacht werden. Doch nach einer Weile kommt ihr in die Rollen leicht herein. Lass Dich überraschen. Tipp: Fünf Merkmale reichen schon.

Der Mensch im Spiegel

Wenn Du wieder einmal alles erreicht hast, was Du wolltest, Dir jeder anerkennend Lob und Beifall zollt und die Welt Dich für einen Tag zum Gewinner macht, dann stelle Dich vor einen Spiegel, schau hinein und höre, was der Mensch im Spiegel Dir zu sagen hat.

Es ist weder Dein Vater noch Deine Mutter, weder Deine Frau noch Dein Mann oder Partner. Es sind auch nicht Deine Freunde, vor deren Urteil Du bestehen musst. Der einzige Mensch, dessen Meinung für Dich zählt, ist der, der Dich aus dem Spiegel anschaut.

Viele Menschen halten Dich für entschlossen und aufrecht. Sie nennen Dich einen wundervollen Mann oder eine phantastische Frau. Doch der Mensch im Spiegel nennt Dich schlicht einen Versager, wenn Du ihm nicht ehrlich und offen in die Augen sehen kannst.

Auf ihn und nur allein auf ihn kommt es an. Kümmere Dich nicht um die andern, denn nur er ist bis ans Ende Deiner Tage stets bei Dir. Du hast erst dann die schwierigsten aller Prüfungen wirklich bestanden, wenn der Mensch im Spiegel Dein bester Freund geworden ist.

Auf Deinem ganzen Lebensweg kannst Du die Welt betrügen und belügen und Dir anerkennend auf die Schulter klopfen lassen, doch Dein Lohn werden Kummer, Trauer und Schuldgefühle sein, wenn Du den Menschen im Spiegel betrogen, belogen, enttäuscht hast.

Und der Mensch im Spiegel kann Dir einige Hinweise geben, welche Regeln Du noch brauchen könntest.

»Es gibt drei Dinge die extrem hart sind:

Stahl, ein Diamant und sich selbst zu kennen«

- Benjamin Franklin -

Lohnt sich überhaupt ein Plan – eine Methode oder Strategie?

»Wer nicht weiß, wohin er will,

darf sich nicht wundern,

wenn er woanders ankommt«

- Mark Twain -

Mal kein Zitat von Franklin, aber es passt!

Ich bin kein großer Fan von Regeln oder festen Strukturen für Zielplanungen oder Sonstiges. Am Anfang habe ich ja beschrieben, wie ich meine Lebensregeln nutze. Sie sind die Leitplanken an Rande meiner sehr breiten Straße. Sie begleiten mich und sie lassen mich nicht von allen möglichen Situationen des Lebens beirren.

Aber ganz ohne Regeln? Ich finde, dass sie mich durch das Leben BEGLEITEN. Nichts zu tun, keinen Leitfaden zu haben, führt meist auch ins …. (ja wohin?)

Eine Untersuchung, die 1953 an Studenten der Yale-Universität durchgeführt wurde, bestätigt meine These. Studenten des letzten Semesters wurden interviewt und gefragt, ob sie ein klares, konkretes Ziel niedergeschrieben und sich einen Plan dazu erstellt hätten, wie sie dieses erreichen wollten. Das war nur bei drei Prozent der Fall.

Zwanzig Jahre später interviewten die Forscher die überlebenden Mitglieder des Abschlussjahrgangs 1953 noch einmal. Sie stellten fest, dass die drei Prozent, die ihre Ziele aufgeschriebenen hatten, finanziell erfolgreicher waren, als die anderen siebenundneunzig Prozent zusammen.

Seit ich meine *Franklin-Methode* anwende, erlebe ich so große Fortschritte in meiner Persönlichkeit, dass ich mit Freude und Spaß immer wieder auf die Karte der jetzt vor mir liegenden Woche schaue. Dinge, die ich endlich in meinem Leben auf den Weg bringen wollte, werden jetzt erledigt.

»Zufriedenheit ist der Stein der Weisen,

der alles in Gold verwandelt das er berührt«

- Benjamin-Franklin -

Impulse für Dich

Wie wäre es, wenn Du einen persönlichen Plan für Dein zukünftigen Verhaltens entwirfst.

Einige Ideen habe ich Dir hier aufgeführt. Ob Sie schon für Dich passen, darfst Du entscheiden. Vielleicht führen diese Werte Dich auch auf andere Pfade, andere Möglichkeiten :

Achtsamkeit

Wertschätzung

Im Augenblick sein

Offenheit

Leichtigkeit

Menschen akzeptieren wie sie sind

Dankbarkeit

Vergebung

Loslassen

Innere Freiheit leben

Freundlich sein

Gesundheit

Annehmen

Zu jedem Wort kannst Du einen Satz bilden.

z.b. Freundlich sein

Dann würde Dein Wochenkärtchen so aussehen:

Ich bin zu allen Menschen –

und besonders zu mir selbst freundlich.

Negative Gedanken lehne ich ab

Stell Dir mal vor, Du trägst eine Woche dieses Kärtchen bei Dir. Wie oft wirst Du mit diesem Thema konfrontiert werden. Es ist unglaublich, wie Deine inneren Glaubensmuster sich verändern werden. Die bisherigen Glaubensmuster, welche Dir wenig nützlich waren - in diesen Situationen, gehorchen Dir nicht mehr. Eine Woche lang, begleitet Dich diese Regel – und das viermal im Jahr. So wird dieser positive Glaubenssatz ein Teil von Dir. Einfach und mit Leichtigkeit.

DU

BIST JETZT DER

CHEF IN DEINEM SYSTEM

Ergänze, weil...

...nur Du die Antwort kennst.

Auch diese Übung ist eine Möglichkeit, auf Umwegen an Deine verborgenen Fähigkeiten zu gelangen.

Jetzt wirst Du gefordert, Dich Deiner Realität zu stellen. Beantworte folgende Fragen, indem Du diese einfach ergänzt. Oft suchen Menschen Antworten auf ihre Probleme und Herausforderungen. Sie suchen in alle Richtungen um herauszufinden, womit sie nicht zurecht kommen und was denn die eigentlichen Gründe ihrer Themen sind.

Doch es gibt nur einen Experten, der die Antworten für Dich finden kann – und der bist Du selbst. Wie aber könntest Du Antworten finden, welche Dir weiterhelfen können. Dazu eignet sich diese Übung sehr gut. Diese Methode bedarf keiner weiteren Einführung oder Beschreibung. Ergänze die Fragen und Du kannst schon schnell Hinweise zu Deinem momentanen Thema finden. Allerdings reicht es nicht, diese nur zu erkennen. Du bist auch die einzige Person, die etwas ändern kann.

Du kannst natürlich Themen, welche Du jetzt in dieser Übung ent-deckst in die Franklin-Methode einbeziehen.

Sei kreativ und nutze alle Möglichkeiten aus diesem Buch, um Inhalte für Deine Lebensregeln zu finden. Wenn Du innerlich fühlst, da wäre ein Punkt dabei, dann füge ihn in die Franklin-Methode mit ein.

Versuche mehr als nur einen Satz zu schreiben. Evtl. kannst Du gleich eine Notiz mit beifügen

Viel Spaß auf Deiner Entdeckungsreise

Wenn ich an meine Eltern denke, freue ich mich, weil...

…...

…...

…...

Ich bin gerne in Gesellschaft anderer Menschen, weil...

…...

…...

…...

Ich bin froh, dass ich mich für diesen Beruf entschieden habe, weil..

…...

…...

…...

Mir fehlt leider oft die Kraft, um...

…..

…..

…..

Nichts belastet mich so sehr, wie...

…..

…..

…..

Ich brauche die Anerkennung anderer Menschen, weil...

…..

…..

…..

Manchmal kann ich mich nicht durchsetzten, weil...

……..

……..

……..

Ich möchte öfter NEIN sagen, dennoch sage ich JA, weil...

……..

……..

……..

Mir ist völlig gleich, wie andere über mich denken, weil...

……..

……..

……..

Oft bräuchte ich mehr Zeit für mich, weil...

…..

…..

…..

Ich habe nur wenige Freunde, weil...

…..

…..

…..

Ich setze mir keine Ziele im Leben, weil...

…..

…..

…..

Es ist schwer, den Mut nicht zu verlieren, weil...

……..

……..

……..

Fehler machen mir nichts aus, weil...

……..

……..

……..

Wenn alles, was ich anpacke, gut gehen würde, dann würde ich...

……..

……..

……..

Oft denke ich zu sehr in Grenzen, weil...

…..

…..

…..

Wenn ich nochmals auf die Welt käme, würde ich einige
Dinge anders machen, weil...

…..

…..

…..

Wenn ich eine Millionen Euro im Lotto gewinnen würde,
dann....

…..

…..

…..

Ich lebe meine Berufung nicht, weil...

… ....

… ....

… ....

Sicher findest Du in den Antworten Stärken von Dir, aber auch Schwachpunkte. Schreibe Dir die Schwachpunkte auf, welche in Deinen Lebensregeln umgewandelt in positiven Sätzen mit aufgeführt werden könnten.

Hier noch einige Fragen, aus deren Antworten Du sicher noch einige Lebensregeln finden kannst.

Ich habe absichtlich jeder Frage eine einzelne Seite zugeordnet. Du sollst die Fragen nicht einfach so überfliegen – lasse Dir wirklich Zeit dafür.

Sechs Fragen an Deine Seele

1.

Woran glaubst Du?

. . ..

... .

2.

Trittst Du ein für das woran Du glaubst?

. . ..

. . ..

3.

Berücksichtigst Du in gleichem Maße

Deine weibliche und männliche Energie?

· · ·...

· · ·...

4.

Was könntest Du tun,

um Deiner Seele mehr Raum zu geben?

. . ..

. . ..

5.

Was würde Deine Seele beflügeln?

. . . .

. . . .

6.

...und was sonst noch -

etwas vorüber Du noch nie

mit jemanden gesprochen hast?

. . ..

. . ..

Lebensregeln berühmter Persönlichkeiten

Jetzt führe ich Dich in das Reich von Menschen, die alle etwas besonders haben. Sie folg(t)en eigenen Lebensregeln. Auch wenn sie manchmal nicht gleich als solche zu erkennen sind.

Ich habe Dir ja schon einige Ideen aufgeschrieben, wie Du eigene Themen finden kannst. Hier hast Du einen Pool der großartigsten Lebenseinstellungen, die es gibt.

Sie sind ein genialer Fundus für Dich. Noch heute finde ich immer wieder Aussagen, die ich in meine Lebensregeln auf mich angepasst integriere.

Was ich nochmal betonen möchte: Wenn Du diese Mehthode durchführst, werden einige Themen automatisch ein Teil von Dir. Sie werden sich in Dir manifestieren. Wenn Du spürst, dass Du diese Wochenkarte nicht mehr brauchst, stöbere wieder mal in diesem Büchlein und finde dafür eine neue Karte. Es wird für Dich sehr spannend und motivierend sein, eine neue Regel zu finden..

Viel Spaß im Land der größten Persönlichkeiten, die wir auf dieser Welt haben und haben durften.

»Man kann nicht sagen,

dass ein leerer Sack aufrecht steht«

- Benjamin-Franklin -

Die Lebensregeln

des 14. Dalai Lama (Tenzin Gytso)

»Die schwierigste Zeit in unserem Leben

ist die beste Gelegenheit,

innere Stärke zu entwickeln«

- Dalai Lama -

Wenn du verlierst, verliere nicht den Lerneffekt.

Befolge grundsätzlich die folgenden drei Regeln

- *Respekt für dich*

- *Respekt für andere*

- *Respekt für deine Handlungen*

Denke daran, dass etwas, was du nicht bekommst, manchmal eine wunderbare Fügung des Schicksals sein kann.

Lerne die Regeln, damit du weißt, wenn du sie brichst.

Wenn du merkst, dass du einen Fehler gemacht hast, unternehme unverzüglich etwas, um ihn zu korrigieren.

Verbringe jeden Tag einige Zeit mit Dir selbst. Begegne Veränderungen mit offenen Armen, aber verliere nicht deine Wertmaßstäbe.

Denke daran, dass Schweigen manchmal die beste Antwort ist.

Sei freundlich zur Erde.

Eine freundliche Atmosphäre in deinem Haus ist die beste Grundlage für dein Leben.

Lebe ein gutes und ehrbares Leben – wenn du älter wirst und zurückdenkst, wirst du es ein zweites Mal genießen können.

Teile dein Wissen, so erlangst du Unsterblichkeit.

Wenn du mit lieben Freunden streitest, beziehe dich nur auf die aktuelle Situation – lass die Vergangenheit ruhen.

Besuche einmal im Jahr einen Ort, den du noch nicht kennst.

Denk daran, die beste Beziehung ist die, in der die Liebe für den Partner größer ist, als das Verlangen nach ihm.

Bewerte deine Erfolge daran, was du aufgeben musstest um sie zu erzielen.

Widme Dich der Liebe und dem Kochen mit wagemutiger Sorglosigkeit.

»Jede innere Entwicklung braucht ihre Zeit«

- Dalai Lama -

Die Lebensregeln

von Papst Johannes XXIII

eigentlich Angelo Giuseppe Roncalli,

Papst von 1958 – 1963

Papst Johannes XXIII (1881-1963) wurde am 28. Oktober als Nachfolger von Pius XII zum Papst gewählt. Er wurde auch wegen seiner Bescheidenheit und Volksnähe »il Papa buono« (der gute Papst) genannt. Am 3. September 2000 sprach ihn Papst Johannes Paul II selig. Papst Franziskus sprach ihn am 27. April 2014 heilig.

»Gott weiß, dass ich da bin, das genügt mir,

auch wenn sonst kein Hahn nach mir kräht«

- Papst Johannes XXIII -

Die zehn Gebote der Gelassenheit

Leben

Nur für heute werde ich mich bemühen, den Tag zu erleben, ohne das Problem meines Lebens auf einmal lösen zu wollen.

Sorgfalt

Nur für heute werde ich große Sorgfalt in mein Auftreten legen. Vornehmlich in meinen Verhalten; ich werde niemanden kritisieren, ja ich werde nicht danach streben, jemand Anderen zu korrigieren oder zu verbessern – nur mich selbst.

Glück

Nur für heute werde ich in der Gewissheit glücklich sein, dass ich für das Glück geschaffen bin – nicht für die andere, sondern auch für diese Welt.

Realismus

Nur für heute werde ich mich an die Umstände anpassen, ohne zu verlangen, dass die Umstände sich an meine Wünsche anpassen.

Lesen

Nur für heute werde ich zehn Minuten meiner Zeit einer guten Lektüre widmen; wie die Nahrung für das Leben notwendig ist, ist eine gute Lektüre notwendig für das Leben der Seele.

Handeln

Nur für heute werde ich eine gute Tat verbringen, und ich werde es niemanden erzählen.

Überwinden

Nur für heute werde ich etwas tun, für dass ich keine Lust habe; sollte ich mich in meinen Gedanken beleidigt fühlen, werde ich dafür sorgen, dass es niemand bemerkt.

Planen

Nur für heute werde ich ein genaues Programm aufstellen. Vielleicht halte ich mich nicht genau daran, aber ich werde es aufsetzen – und ich werde mich vor zwei Übeln hüten: der Hetze und der Unentschlossenheit.

Mut

Nur für heute werde ich keine Angst haben. Ganz besonders werde ich keine Angst haben, mich an allem zu freuen, was schön ist – und ich werde an die Güte glauben.

Vertrauen

Nur für heute werde ich fest glauben – selbst wenn die Umstände das Gegenteil zeigen sollten – dass die gütige Vorsehung Gottes sich um mich kümmert, als gäbe es sonst niemanden auf der Welt. Nimm dir nicht zu viel vor. Es genügt die friedliche, ruhige Suche nach dem Guten an jeden Tag zu jeder Stunde, und ohne Übertreibung und mit Geduld.

Lebensregeln von

Mutter Teresa

Mutter Teresa (1910-1997) war eine durch ihre humanitären Hilfsobjekte für Arme weltweit bekannte katholische Ordensschwester und Trägerin des Friedensnobelpreises 1979.

»Das Nachlassen der Kräfte

ist ein Hilfsmittel, um besser zu beten.

Die Entspannung verscheucht

die Spinnweben aus dem Geist«

- Mutter Teresa -

Menschen sind oft unvernünftig,

unlogisch und Ich-bezogen

- vergib ihnen dennoch

Wenn du freundlich bist, kann es sein,

dass Andere dir eigennützige Motive

und Hintergedanken vorwerfen

- sei dennoch freundlich

Wenn du erfolgreich bist,

gewinnst du möglicherweise einigermaßen

falsche Freunde und einige regelrechte Feinde

- sei dennoch erfolgreich.

Was du jahrelang aufgebaut hast,

kann ein Anderer über Nacht zerstören

- baue es dennoch auf

Wenn du gelassen und glücklich bist,

kann es sein, dass Andere eifersüchtig sind

- sei dennoch glücklich

Das Gute, dass du heute tust,

werden die Leute morgen oft schon vergessen haben

- tue dennoch Gutes

Gib der Welt das Beste, dass du hast,

auch wenn es nie genug sein wird

- gib dennoch dein Bestes

Letztendlich ist alles eine Sache

zwischen dir und Gott:

Es war ohnehin nie eine Sache

zwischen dir und den anderen

»Hüte dich,

alles , was du besitzest,

als dein Eigentum zu betrachten«

- Benjamin-Franklin -

Die Zehn Gebote

des Miyamoto Musashi

Miyamoto Musashi (1584-1645) war ein japanischer Samurai und Begründer der Niten Ichiryu-Schule des Schwertkampfes. Heute ist er durch sein Werk Grain no Sho (Das Buch der Fünf Ringe) bekannt, welches als Quelle für Lebensweisheiten und Management-Strategien angesehen wird.

»Es gibt nichts außerhalb von dir,

dass dich dazu bemächtigt stärker, reicher,

schneller oder klüger zu werden.

Alles ist in dir. Alles existiert.

Suche nicht außerhalb von dir selbst«

- Miyanoto Musashi -

Habe nie arglistige Gedanken.

Übe dich unablässig darin, deinem Weg zu folgen.

Mache dich vertraut mit allen Techniken und Künsten.

Studiere die Wege und Tätigkeiten vieler Berufe.

Lerne in allen Dingen Gewinn und Verlust zu unterscheiden.

Entwickle die Fähigkeit, Dinge auf den ersten Blick zu durchschauen.

Bemühe dich, das Wesen auch dessen zu erkennen, das unsichtbar bleibt.

Vernachlässige nie deine Aufmerksamkeit auch gegenüber den kleinsten Dingen.

Halte dich nicht mit nutzlosen Beschäftigungen auf.

Wenn es einen Weg gibt, der zu unbesiegbarem Selbstvertrauen führt, dem Einzelnen alle Schwierigkeiten überwinden hilft und ihm Ruhm und Ehre einbringt, so ist es der Weg des Kampfes.

10 Dinge, die man tun sollte

von Patch Adams

Hunter Doherty »Patch« Adams (*29. Mai 1945 in Washington, DC) ist ein US-amerikanischer Arzt und hat 1972 das Gesundheit! Institut" gegründet. Sein Leben war das Vorbild für den Film »Patch Adams« mit Robin Williams in der Titelrolle. Adams lebt heute in Arlington, Virginia, wo er in Zusammenarbeit mit dem Institut alternative Heilkunst praktiziert. Er war auch der Erfinder der Klinik-Clowns

Es ist der revolutionärste Akt,

in unserer Gesellschaft

öffentlich glücklich zu sein«

- Patch Adams -

Sammle allen Abfall in einem Bereich deines Wohnortes auf; sei der Wächter für diesen Bereich. Erzähle anderen darüber.

Sei anderen gegenüber immer freundlich. Experimentiere einfach damit.

Biete eine Schulter- oder Fußmassage an, egal wo du gerade bist.

Kämpfe immer für Gerechtigkeit, egal wie viel es kostet.

Gehe einmal die Woche in ein Pflegeheim, um die Menschen dort in Freundschaft aufzumuntern.

Mache das Fernsehen aus und werde interessant; stelle dich selber dar.

Überlege, in der Öffentlichkeit albern zu sein.

Finde Wege, deutlich weniger Geld zu brauchen; teile unglaublich.

Mache regelmäßig Zufallszusammenkünfte, mit Nachbarn, Arbeitskollegen, Fremden (sog. Putlucks: z. Bsp.: drei Bekannte einladen, die jeweils drei Bekannte mitbringen – oder eine Einladung aushängen am Schwarzen Brett im Supermarkt; jeder bringt Essen und Getränke für sich und andere mit). Arbeite daran, im erweiterten Familienverband zu leben.

Verbringe deinen Urlaub an deinem Wohnort und verwende das Geld, um in Projekten zu arbeiten, die Gemeinschaften aufbauen.

Ich habe mir einige Gedanken gemacht, ob ich diese Lebensregeln hier mit einbeziehe. Aber ich liebe die Arbeit von *Patch Adams* und kann nur jeden empfehlen, sich den Film anzusehen. Außerdem gibt es in unserer Gesellschaft auch Menschen, die sich vielleicht anders verändern möchten – als wir es uns denken.

Noch einiges zu Patch Adams:

Er promovierte 1971 am Medical College of Virginia. Er ist überzeugt von einer starken Verbindung zwischen Umwelt und Wohlbefinden. Er glaubt, dass die Gesundheit des Individuums nicht von der Familie, der Gemeinschaft und der ganzen Welt getrennt werden kann.

Lebensregeln

von Max Ehrmann

Er lebte von 1872 bis 1945 und wurde durch das von ihm im Jahre 1927 verfasste Gedicht *Desiderata* bekannt. Er schrieb mehr als 20 Bücher und viele Artikel für Zeitschriften. *Desiderata* (Lebenregel von Baltimore) wurde 35 Jahre später zu einem wichtigen Text der Flower-Power-Generation.

Gehe ruhig und gelassen durch Lärm und Hast dieser Zeit und denke daran, dass wahrer Friede nur in der Stille zu suchen und zu finden ist.

Versuche, soweit es dir möglich ist, ohne dich selbst aufzugeben, mit allen Menschen auf gutem Fuß zu stehen, das heißt – auszukommen.

Wo immer es nötig ist, sage ruhig und besonnen die Wahrheit – und sei dir dabei stets bewusst, dass diese auch schmerzen kann.

Meide die lauten und streitsüchtigen Menschen, denn sie sind eine Qual für den Geist.

Wenn du dich mit anderen vergleichst, werde nicht hochmütig und überheblich oder fühle dich nicht zu gering. Wisse: Es wird immer Menschen geben, die besser, vielleicht auch bedeutender oder geringer sind als du. Freue dich an dem bisher Erreichten und deinen Plänen, die dich beflügeln.

Sei eifrig in deinem Beruf und sorge, dass er dir Freude macht und Zufriedenheit in dir schafft, wie bescheiden er auch immer sein mag, er ist ein echter Besitz im Wechsel der Zeiten.

Ertrage mit freundlicher Gelassenheit den Rat der Älteren, besonders wenn sie dir nahe stehen. Gib die Jugendjahre mit Anmut zurück, wenn sie vorüber sind.

Stärke die Kraft deines Geistes, damit sie dir beisteht, wenn plötzliches Unheil über dich kommt.

Überfordere dich nicht mit Wunschträumen, bleibe realistisch und schau auf das, was im Augenblick nötig und möglich ist. Denn viele Ängste kommen aus falschen Erwartungen und Vorstellungen. Sie machen dich an Leib und Seele kaputt und nähren deinen Verdruss.

Heuchle nie Gefühle vor, wo sie nicht vorhanden. Du schadest dir damit selbst und vor allem verletzt du andere.

Bei aller Übung von Selbstdisziplin sei freundlich zu dir selbst. Du bist ein Kind der Schöpfung, ebenso wie Sonne, Mond und Sterne sowie Bäume und Sträucher, Berge, Hügel und Täler, Wind, Wasser und Feuer ein Teil dieser sind.

Weisheiten von Osho

Osho „Bhagwan" Shree Rajneesh

1931 – 1990

Osho wurde 1931 in Indien geboren. Bevor er als spiritueller Lehrer hervortrat, war er als Philosophieprofessor an der Universität von Jabalpur tätig. Seit den sechziger Jahren lehrte er spezielle Meditationstechniken, wobei er vor allem von westlichen Suchern großen Zulauf erhielt. 1974 gründete er in Poona ein Zentrum für Meditation und Selbsterfahrung. Von 1981 bis 1987 lehrte er in Oregon, USA. Bereits zu seinen Lebzeiten fanden seine Lehren Resonanz bei Millionen Menschen in aller Welt.

Es gibt keinen anderen Gott als das Leben selbst.

Wahrheit ist in dir, suche sie nirgendwo anders.

Liebe ist Gebet.

Nichts zu werden ist die Tür zu Wahrheit. Nichts ist das Mittel, das Ziel und die Erfüllung.

Leben ist hier und jetzt.

Lebe hellwach.

Schwimme nicht, fließe mit.

Stirb jeden Moment, damit du jeden Moment neu werden kannst.

Höre auf zu suchen. Das, was ist, ist. Halte an und nimm wahr.

Dies war eine kleine Auswahl von Lebensregeln und Weisheiten als Ideen für Deine Veränderung. Setze Dich nicht unter Druck, wenn Du nicht gleich Deine dreizehn Regeln findest. Ich habe viele meiner Regeln während eines Spazierganges oder sogar beim Autofahren entdeckt oder gefunden. Damit die Ideen nicht verloren gehen, spreche ich sie sofort auf das Diktiergerät in meinem Smartphone.

Falls Du momentan in einer Krise steckst oder Motivation nicht gerade an erster Stelle in Deinem Leben steht, bitte gib nie — niemals auf! Solltest Du nicht in der Stimmung sein, jetzt eine der Übungen anzugehen, kein Problem. Auch wenn Du jetzt nicht loslegen willst, ob Du es merkst oder nicht, durch die Worte in diesem Buch, haben Deine *inneren Wächter*, die alles so bleiben lassen wollen, wie es bisher ist, Gefahr gewittert. Dein Unterbewusstsein ist in Schwingung geraten und setzt sich den Wächtern entgegen. Manchmal gaaanz langsam, aber dafür um so wirkungsvoller.

Sprenge Deine Fesseln

JETZT

Befreie Dich für das ent-decken Deiner dreizehn Lebensregeln von den Fesseln der Sorgen und Probleme. Sie verursachen Depressionen und sind die größten Hindernisse auf Deinem Weg zum glücklichen Leben. Rede nicht mit zu vielen Menschen über Deine Sorgen, Probleme, Missgeschicke, Krankheiten, Armut, Deinem Ärger. Du multiplizierst und festigst dies womöglich in Dein Unterbewusstsein. Rede stattdessen darüber, wie Du Dir die Situation und Dein Leben im positiven Sinne wünschst, wie es sein soll. Schreib Dir auf, wie Du das Negative ändern wirst. Notiere alles in der *IST-Form*, als wäre es schon Realität. Dies gilt auch für Deine Lebensregeln.

Durch die Visualisierung dieser positiven Situation unterstützt Du die Macht der Veränderung und die Kraft der Wunscherfüllung. Du machst Dich immer mehr von negativen Einflüssen frei. Weigere Dich, über schlechte Zeiten, negative Erlebnisse und Ärger zu sprechen. Sieh das Gute an jeder Situation. Bleibe ruhig und gelassen, egal was geschieht. Frage Dich: Was ist das Positive an der (vermeintlich) negativen Situation? Du wirst erstaunt sein, wie viele gute Möglichkeiten, Ideen und Chancen sich Dir plötzlich bieten. Betrachte Deine Situation doch einmal mit Phantasie und Kreativität. Bist Du bereit, negatives einmal neutral zu sehen?

Sage Dir jeden Tag zehnmal laut und bestimmt:

„Ich schaffe es! - Ich schaffe es!...." Du wirst merken, wie Du stärker, begeisterter und selbstbewusster wirst. Die Qualität Deiner Gedanken bestimmt die Qualität Deines

Lebens. Denke immer in Lösungen, statt in Problemen. Erinnere Dich an eines der wichtigsten Themen hier im Buch:

KANNST-DU-HABEN!

Jeder Gedanke hat die Tendenz, Wirklichkeit zu werden.

Weitere Lebensregeln

Ich bin der Größte

Komischer Titel – nicht wahr? Der „Größte" ist gegangen. Die Tage kam die Nachricht, das Muhammad Ali (Cassius Clay), der für mich beste Boxer aller Zeiten, nach langer Krankheit, seinen letzten Weg angetreten hat. Er war schon ein verrückter – mutiger – interessanter – zielstrebiger – kämpferischer Typ und ich könnte hier ewig weiter ausführen, welche Charaktereigenschaften er noch hatte. Ich erinnerte mich an all die anderen „*Genies*", die gegangen sind und suchte nach Aussagen von Ihnen, wie sie Ihre Welt sahen und wie ihre innere Einstellung war. Solche Motivation habe ich selten erfahren. Wir können von ihnen einiges lernen – so viele ihrer Lebenseinstellungen können wir in unserem eigenen Lebensweg integrieren. Vielleicht findest Du noch einige Anregungen für Deine Lebensregeln! Hier einige der schönsten Lebensregeln und Weisheiten berühmter Persönlichkeiten. Sicher ist wieder etwas für Dich dabei.

»Ich bin der König der Welt. Ich bin schön! Ich bin ein böser Mann! Ich rüttelte die Welt wach! Und es ist schwer, bescheiden zu sein, wenn man so großartig ist, wie ich es bin«

Cassius Marcellus Clay jr., alias Muhammad Ali

1942 – 2016

»Sanftmut klärt die Seele, Liebe reinigt den Verstand und macht ihn frei«

David Robert Jones, alias David Bowie

1947 - 2016

»Für den wahren Künstler ist nur jenes Gesicht schön, das ungeachtet seines Äußeren die Wahrheit der Seele widerspiegelt«

Mahatma Gandhi

1869 - 1948

»Doch sie haben unrecht, wenn sie denken, die Freude im Leben würde hauptsächlich aus menschlichen Beziehungen erwachsen. Gott hat sie überall um uns angelegt. Sie steckt in allen Dingen, die wir fähig sind zu erfahren. Die Menschen müssen nur ihre Sichtweise auf diese Dinge verändern«

Christopher Johnson McCandless, alias Alexander Supertramp

1968 – 1992

„Wenn man in einem einzigen fixierten Muster des Denkens und Handelns gefangen ist, blockiert man seine eigene Kreativität. Man verliert alle Frische und den Sinn für den Zauber des Augenblicks. Lerne wieder unschuldig zu sein, und deine Ursprünglichkeit wird dich nie verlassen. Lügen mögen den Sprint gewinnen - aber die Wahrheit gewinnt den Marathon!"

Michael Joseph Jackson

1958 – 2009

»Ich sehe mich als Mann der Extreme, habe ein sehr weiche und eine sehr harte Seite. Ich bin herzlich und kann richtig kindlich sein. Gleichzeitig bin ich sehr stark. Bei mir gibt es keine halben Sachen. Ich habe keine Angst, zu tun was ich möchte, deswegen geht es mir gut«

Freddy Mercury

1946 - 1991

»Ihr lacht über mich, weil ich anders bin. Ich lache über euch, weil ihr alle gleich seid!«

Kurt Donald Cobain, Sänger und Gitarrist der Band Nirvana

1967 - 1994

»Ein Image und ein Mensch sind zweierlei. Es ist verdammt schwer, einem Image gerecht zu werden«

Elvis Aaron Presley

1935 – 1977

»Unsere Gesellschaft wird von Verrückten geführt, für verrückte Ziele. Ich glaube, ich werde als Wahnsinniger eingesperrt, weil ich das sage. Das ist das Wahnsinnige daran!«

John Winston Lennon

1940 – 1980

»Wenn die Macht der Liebe zur Macht übersteigt, erst dann wird die Welt endlich wissen, was Frieden heißt!«

James Marhall Hendrix – Jimmy Hendrix

1942 – 1979

»Schließe keine faulen Kompromisse. Mehr als Dich selbst hat Dir Gott nicht geschenkt«

Janis Lyn Joplin

1943 – 1970

»Löst euch von mentaler Sklaverei, niemand außer euch selbst kann euren Geist befreien«

Bob Marley

1945 – 1981

»Leere deinen Geist. Werde formlos, gestaltlos – wie Wasser. Wenn man Wasser in eine Tasse gießt, wird es zur Tasse. Gießt man Wasser in eine Teekanne, wird es zur Teekanne. Wasser kann fließen, kriechen, tropfen, stürzen und schmettern. Sei Wasser mein Freund«

Bruce Lee

1940 – 1973

»Um ein tadelloses Mitglied einer Schafherde sein zu können, muss man vor allen eines sein – ein Schaf«

Albert Einstein

1879 – 1955

»Wer, wenn nicht wir - Wann, wenn nicht jetzt?«

Jeanne d`Arc

1412 – 1431

Sie haben alle eines Gemeinsam: Sie wussten was Sie wollten, hatten Ziele, Visionen und lebten Ihre ureigensten Werte und Lebensregeln. Denke bei allen Lebensweisheiten und Lebensregeln, welche Du für Dich findest. Bleibe bei aller Veränderung in Deinen Wurzeln Du selbst und..

INTENSIV und AUTHENTISCH

Alle Persönlichkeiten, die ich Dir hier vorgestellt habe, können ein Wegweiser für Dein weiteres Leben sein. Nutze ihre Lebenseinstellungen, den sie lebten alle Ihr eigenes, ihr wahres Ich. Lass altes unnütze Glaubensmuster los, denn...

Loslassen ist der erste Schritt Deiner Veränderung. Wer loslässt hat beide Hände frei.

»Eine Investition in Wissen

bringt noch immer die besten Zinsen«

- Benjamin Franklin -

Sei Mutig

Natürlich braucht es für persönliche Veränderungen eine ganz wesentliche Charaktereigenschaft = MUT!

Es geht nicht ohne Mut, einem Löwe Auge in Auge gegenüberzustehen oder an einem Gummiseil von einer Brücke zu springen. Die schwierigste Art von Mut betrifft den Umgang mit uns selbst, mit anderen Menschen und mit dem Annehmen und bewältigen von unangenehmen Situationen. Den Mut sich von eigenen, negativen Mustern zu verabschieden – zu befreien! Den Mut, die selbstauferlegten Grenzen der Ängste und Sorgen zu erkennen, sich ihnen zu stellen und sie aufzugeben. Den Mut, sich selbst zu gestatten, das eigene ICH zu leben.

Den Mut aus dem selbst gemauerten Schneckenhaus auszubrechen.

Sei mutig bei allem was Du denkst, sprichst und tust. Beginne mit eigenen kleinen Mutproben in Deinem Verhalten, Deine Situation zu verändern. Ein *NEIN* statt ein *JA*, ein Lächeln und ein freundliches Wort an unbekannte Menschen, eine Tätigkeit, die Du noch nie getan hast,…. das alles sind kleine Mutproben.

Alle Gewohnheiten wie Mutlosigkeit, Ängste, Bequemlichkeit, kleben wie Kaugummi an unseren Schuhen. Darum ersetze aufkommende negative Gedanken sofort und konsequent in positive. Wiederhole täglich Deine Eigensuggestionen. Übernimm die volle Verantwortung für Dein Leben.

Habe den Mut...

Einen gemachten Fehler einzugestehen

das gibt Charakterstärke

Dich für deine verletzten Gedanken, Worte und

Handlungen zu entschuldigen

das zeigt menschliche Größe

Zur Übernahme der vollen Verantwortung

für alles was du tust

das macht dich unabhängig und frei von anderen

Unbekanntes zu wagen

das macht dich zum Entdecker und Eroberer

neuer Lebensgebiete

In deinen Gefühlen verletzt zu werden

das macht dich verzeihend und vergebend

Vermeintliche Sicherheiten aufzugeben

das macht dich frei in deinem Denken und Handeln

Neues zu lernen

das macht dich wissend und weise

Dich für andere Menschen zu öffnen

.das macht dich unermesslich reich und gütig

Zu lieben

das macht dich liebevoll und glücklich

Benjamin Franklin

und die Liste der Entscheidungen

Wer sich verändern möchte, muss oft große Entscheidungen treffen. Auch hier hat Benjamin-Franklin

eine Methode entwickelt, welche Dir sehr nützlich sein kann.

Wenn Du jetzt einen Punkt erreicht hast, wo Du vielleicht schon mehr Lebensregeln gefunden hast, aber nicht sicher bist, welche Du in Deine dreizehn Lebensregeln aufnehmen möchtest, kannst Du sehr gut die Möglichkeit der von Benjamin-Franklin erfundenen Liste nutzen.

Mann nannte ihn schon in seiner Zeit ein Genie. Nicht nur, dass er die Methode der Lebensregeln erdacht hat, er hat auch eine sehr kreative Möglichkeit gefunden, Entscheidungen zu treffen. Seine Methode dazu nennt man die *Benjamin-Franklin-Liste*

Er machte sich seine Gedanken über Hemmungen bei Entscheidungsfindungen. Dabei suchte er einen Weg, die Hemmungen und Blockaden zu überwinden. Er erfand zwar nicht die Pro- und Contra-Liste, doch inspirierte ihn die Technik der Gegenüberstellung von Vor- und Nachteilen.

Sicher hast Du Dich schon mal mit einer Pro-Contra-Liste beschäftigt oder sogar damit gearbeitet. Wohnungswechsel, ja oder nein? Urlaub in den Bergen, ja oder nein? Neuer Job...

Diese Methode wird dazu sehr oft genutzt. Aber diese Liste hat Grenzen. Benjamin-Franklin zeigt eine weitere Möglichkeit, mit der Pro-Contra-Liste besser Entscheidungen zu treffen.

Das positive und das weniger positive

an der Pro-Contra-Liste:

Es gibt wohl kaum eine leichtere Methode als diese Liste. Ein Blatt Papier, ein Stift, zwei Spalten. Auf der einen Seite die Themen, die für etwas sprechen, auf der anderen Seite Argumente, die dagegen sind.

Unser Hirn liebt es, sich in einem Durcheinander von Gedanken zu verirren. Wenn sich in uns zu viele Argumente festgesetzt haben, wird es schwierig alles zu überschauen. Also den Überblick zu behalten. Wenn wir aber schon einiges auf ein Blatt Papier schreiben, kann der Kopf *frei* werden. Allerdings hat die Methode auch Nachteile. Die eine Seite hat vielleicht mehr Argumente als die andere. Doch Dein Unterbewusstsein signalisiert Dir, dass Du Dein Thema nicht klarer siehst als vorher. Was nutzt es, wenn Du zwanzig positive Argumente hast, aber die Themen im Contra bereiten Dir ein ungutes Gefühl?

Hier hat Franklin seine Methode integriert und ein Blatt entsprechend der Anzahl an Argumenten in Spalten eingeteilt und diese mit den Vorteilen gefüllt. Die Argumente hat er dann benotet, um ihnen einen Wert zuzuweisen.

Zugegeben, ist diese Methode gerade für Ratio-Menschen interessant, doch ob Ratio oder Gefühlsmensch, am Ende wird Dein Bauchgefühl Dir dankbar sein, für die Möglichkeiten von Entscheidungen.

So funktioniert die

Pro-Contra-Liste von Franklin

Finde eine klare Fragestellung für Dich

Stelle Dir die Frage so, dass Du sie nur mit Ja oder Nein beantworten kannst..

Finde Deine Pro und Contras

Trage Links in Deine Liste alle positiven Argumente ein und rechts alles was für Dich gegen das Thema spricht.

Benjamin-Franklin gab dazu den Hinweis, dass man sich dafür Zeit lassen soll. Man soll nichts erzwingen, Manchmal stehen einem die Gedanken zu diesem Zeitpunkt einfach nicht zur Verfügung. Ich lasse mir immer sehr viel Zeit mit dieser Liste. Oft schließe ich sie erst nach zwei Wochen ab. Die besten Argumente fallen mir sowieso nicht sofort ein. Ich habe immer mein Smartphone dabei und die haben ja alle auch die Funktion von Diktiergeräten. Meistens kommen die Antworten, ob Pro- oder Contra, wenn ich mit meinem Hund spazieren gehe oder während der Autofahrt.

Fragen, welche Dir Input geben können:

- Was nutzt es mir?

- Was verliere ich dadurch?

- Was ist das positive für mich dabei?

- Worauf kann ich mich freuen und begeistern?

- Was ist das negative dabei?

- Wie wird mein Umfeld darauf reagieren?

- Bringt es mich meiner wahren Berufung näher?

- Ist es stimmig mit meinem obersten Wert?

Beispiel:

Möchte ich eine neue Arbeitsstelle annehmen?

PRO	CONTRA
Guter Verdienst	Ansprüche sind sehr niedrig
Spannende Aufgabe	Ich muss umziehen
Schöner Ort	Ich muss mich weiterbilden
Interessante Herausforderungen	Wochenendarbeit
Nette Kollegen	Sehr zeitaufwändig
Die Firma hat noch Zukunft vor sich	Umzug sehr sehr aufwendig

Bewerte die Richtigkeit

der einzelnen Argumente

Jetzt kommt der Moment, wo Du Deinen Bauchgefühlen etwas Auszeit geben darfst.

Du beschäftigst Dich mit Zahlen :-))

Gehirn – HALLO WACH. Für den einen kann es am Anfang etwas verzweifelnd wirken, andere gehen jetzt darin auf, denn jetzt hat man was Anschauliches.

Du stellst Dir in jetzt die Frage, wie wichtig die einzelnen Argumente für Dich sind. Auf einer Skala von 1-10 bedeutet die 10 sehr wichtig.

Stell fest, was Dir wichtig ist!

Du kannst jetzt einschätzen, wie wichtig und wahrscheinlich Dir Deine Punkte sind. Multipliziere Deine Wichtigkeits-Punkte mit den Wahrscheinlichkeits-Punkten.

WI = Wichtigkeit

WA = Wahrscheinlichkeit

Multipliziere WI mit WA = Punkte

PRO-PUNKTE

	WI	**WA**	**PUNKTE**
Guter Verdienst	8	10	80
Spannende Aufgabe	7	10	70
Schöner Ort	5	10	50
Interessante Herausforderung	7	10	70
Nette Kollegen	6	6	36
Die Firma hat noch eine Zukunft vor sich	4	8	32

WI = Wichtigkeit

WA = Wahrscheinlichkeit

CONTRA-PUNKTE

	WI	WA	PUNKTE
Ansprüche sind sehr niedrig	5	8	40
Ich muss umziehen	7	10	70
Ich muss mich weiterbilden	8	10	80
Wochenendarbeit	5	10	50
Sehr zeitaufwändig	7	10	70
Umzug teuer	5	5	25

Vereinfache Deine Liste

Jetzt kannst Du Argumente herausnehmen, welche die gleiche Punktzahl haben. Auch wenn sie vielleicht wichtig sind, sie haben durch die gleiche Bewertung keine Bedeutung mehr.

Beispiel:

Die Punkte »Guter Verdienst« bei Pro und »Ich muss mich weiterbilden« bei Contra haben die gleiche Punktzahl (80). Dann werden diese beiden herausgenommen.

Auch die Themen »Schöner Ort« und »Wochenendarbeit« (50) werden gestrichen.

Entscheide!

Nachdem Du die Argumente mit gleicher Punktzahl herausgenommen hast, ist jetzt der Zeitpunkt gekommen, eine Analyse für Dich zu erstellen.

Ist eine Seite länger als die andere? Das kann schon ein Zeichen für eine Entscheidung sein. Wie ist die Wichtigkeit der Pro´s im Vergleich zu den Contras? Wie hast Du Deine Punkte von Wichtigkeit und Wahrscheinlichkeit verteilt? Sind die negativen Punkte es wirklich wert?

Zum Schluss kann es sein, dass sich trotz der ganzen Zahlen und Analysen ein komisches Gefühl einstellt. Das Bauchgefühl. Dieser Anteil von Dir hat natürlich auch seine Berechtigung in dieser Methode. Passt Dein Bauchgefühl nicht ganz mit dem Ergebnis zusammen, kannst Du Dir noch diese Fragen stellen:

Was fühlst Du bei dem Gesamteindruck?

Gibt es irgendwelche Gedanken, die sich trotz Widerspruch der Zahlen melden?

Wie würdest Du entscheiden, wenn Du jemand anderes wärst? Z.Bsp. Dein Idol, eine Film- oder Romanfigur, eine Märchengestalt, Superman-Supergirl, Opa, Oma usw. Sei einfach mal Kreativ und spiel es mal durch. Letztendlich triffst Du Deine Entscheidung sowieso selbst.

Zusammenfassung Entscheidungsliste

Benjamin-Franklin hat mit dieser Methode eine Technik für die Menschen zusammengestellt, die mit einer einfachen Pro-Contra-Liste nicht weiterkommen würden. Falls bei Dir eine wichtige und große Entscheidung ansteht (außerhalb der Zusammenstellung Deiner Lebensregeln), dann probiere diese Methode einfach mal aus. Gerade wenn Du ein Gefühlsmensch bist, und mit dem Ratio in Dir wenig arbeiten möchtest. Wie ich schon beschrieben habe, das Wort *Möglichkeiten* ist einer meiner Lieblingsworte. Gerade wenn ich neue Sichtweisen brauche, nutze ich neue Methoden.

Vielleicht gibt Dir das nachfolgende Zitat von Paul Watzlawick – österr. Philosoph – 1921 – 2007 Gedankenimpulse, mal etwas anderes auszuprobieren.

»Wenn Du immer wieder das tust,

was Du immer schon getan hast,

dann wirst Du immer wieder das bekommen,

was Du immer schon bekommen hast.

Wenn Du etwas Anderes haben willst,

musst Du etwas Anderes tun!

Und wenn das, was Du tust,

Dich nicht weiterbringt,

dann tu etwas völlig Anderes,

statt mehr vom gleichen Falschen«

- Paul Watzlawick -

Sonne und Wind

Der Wind und die Sonne gerieten eines Tages darüber in einen Streit, wer von den beiden es wohl schneller schaffen würde, den Wanderer dazu zu bringen, seine Jacke auszuziehen.

OK sagte der Wind *Lass uns einen Wettkampf dazu austragen.*

Der Wind begann. Er blies so fest er nur konnte, stürmte und tobte und wollte dem Mann seine Jacke mit Gewalt vom Leib reißen. Aber der Wanderer zog seine Jacke immer noch fester um sich und hielt sie mit beiden Händen fest. Nach einer ganzen Weile gab der Wind auf.

Dann war die Sonne an der Reihe. Sie wählte einen anderen Weg. Liebevoll sandte sie dem Wanderer ihre Strahlen und wärmte ihn. Und es dauerte nicht lange, bis er die Jacke aufknöpfte und sie ganz auszog...

Dies ist eine Metapher mit einer interessanten Zugangsweise. Welche Botschaft hat diese Geschichte?

Wie Du jetzt mit dem Inhalt dieses Buches umgehen wirst, bist Du eher wie die Sonne, oder wie der Wind?

Wie wirst Du Dich innerlich darauf einstellen, Deine Lebensregeln aus all den Übungen zu finden. Kannst Du geduldig sein, motivieren und freundlich bleiben (auch Dir selbst gegenüber), auch wenn nicht alles sofort funktioniert?

Falls nicht, was könnte Dir helfen mehr wie die Sonne zu sein?

Merk-«Würdiges»

Deine Antworten waren immer da

Du musst mir vertrauen. Du hast dich ziemlich
intelligent gehalten mit deinem Kopf. In Tat und
Wahrheit hast du dir jedoch nur Probleme
geschaffen.

Ich habe dich in einem Kampf gegen dich
selbst aufbrechen sehen auf der Suche nach
dir selbst. Ich habe gesehen, wie du dich
verurteilt und kritisiert hast.
Ich habe dich vor Angst zittern sehen.

Oft habe ich versucht auf mich aufmerksam
zu machen, aber du warst zu beschäftigt,
um mich zu hören. Du hast viel Lärm gemacht
- weißt du!

So habe ich gewartet, was willst du?
Ich habe eben viel Geduld. Das Leben ist lang,
Ich habe Zeit.

Du übrigens auch, das weißt du doch
- nicht wahr?!

- Francoise Egli – aus »Der Übefluss des Lebens« -

TUE ES JETZT

Wenn Du etwas in Deinem Leben ändern möchtest,

dann musst Du etwas ändern.

Wenn Du Chef in Deinem System sein möchtest, dann fange gleich JETZT an.

Du wirst schon sehr schnell spüren, wie Du erste Erfolge verbuchen kannst. Vorausgesetzt, Du ziehst die hier gezeigte Strategie durch. Koche Dir eine Tasse Kaffee oder Tee, hole etwas Leckeres zum Naschen und entspanne Dich. Nimm Dir einfach ein paar Stunden Zeit für Dich und genieße das Finden Deiner Lebensregeln.

»Entscheide -

oder es wird über Dich entschieden«

- Jürgen Wolf -

Die Benjamin-Franklin-Methode

Hier nochmal eine kleine Zusammenfassung

Finde für Dich dreizehn Tugenden, Werte, Schwachpunkte, welchem Du einen positiven Begriff zuordnest.

Frage jemanden, dem Du vertraust, welchen Anteil oder Charakterzug er für dich als wünschenswert empfindet.

Finde für jeden der dreizehn Regeln einen kleinen Satz dazu.

Bsp.:   Lebensregel Ausgeglichenheit

Satz: „Ich meditieren jeden Tag fünfzehn Minuten"

Bringe Deine Lebensregeln in eine Reihenfolge. Die wichtigste für Dich setzt Du ganz nach oben, usw.

Nutze ein kleines Büchlein, in dem Du Gedanken für die Regel der Woche einträgst. Was hast Du erlebt? Was ist Dir aufgefallen? Welche Situation hat Dich besonders beeindruckt?

Konzentriere Dich in jeder Woche nur auf die Lebensregel, die jetzt zu Anwendung kommt.

»Ich hoffe, dass später

einige Menschen meinem Beispiel folgen

und daraus Gewinn ziehen«

- Benjamin-Franklin -

Meine dreizehn Lebensregeln

Autor

Jürgen Wolf war viele Jahre als Unternehmensberater in der Freizeitbranche tätig. Seit 1998 widmet er sich den Bereichen Persönlichkeitsentwicklung und Kommunikation zwischen den Zeilen. In seiner Arbeit verbindet er ganz unterschiedliche Wege aus der alternativen Psychotherapie und Spiritualität. Er hat es sich zur Aufgabe gemacht, Menschen zu unterstützen, an ihre verborgenen Fähigkeiten zu gelangen um authentisch ihren Lebensweg gehen zu können.

www.juergenwolf.org

Weitere Bücher von Jürgen Wolf

DER ZAUBERSPIEGEL

Möglichkeiten Dir neu zu begegnen

Im Einklang mit sich selbst und der Umwelt zu sein, ist die größte Sehnsucht der Menschen. Vielleicht spürst Du, dass in Dir noch viele unerforschte Geheimnisse darauf warten, entdeckt zu werden.

Ein Buch mit vielen Übungen, Metaphern und Motivation.

ISBN: 978-3759713520

KOMMUNIKATION ZWISCHEN DEN ZEILEN
Warum wir uns oft nicht verstehen

Was tun, wenn Gesagtes missverstanden wird, wenn der eigentliche Gedanke vom anderen völlig falsch interpretiert wird? So kann man miteinander kommunizieren, sollte man aber nicht. Kennst Du Situationen, in denen Du am liebsten jemand gegen das Schienbein treten würdest, weil Du zwar mit einer Person redest, er/sie Deine Bedürfnisse jedoch nicht versteht und Dich damit zur Weißglut bringt? Sich gut zu verstehen ist eine wunderbare Erfahrung, die nicht immer so einfach gelingt

ISBN: 978-3758329685

KLAUSUR MIT DIR SELBST

Ungewöhnliche Fragen und Blickwinkel
auf die momentane Lebenssituation

Wenn man herausfinden möchte, was man wirklich im
Leben will und sich mal Zeit für neue Blickwinkel der
momentanen Lebenssituation nehmen kann, sollte man sich
unbedingt eine kleine Auszeit gönnen und sich einige Tage
aus dem Hamsterrad des Alltags verabschieden.

Das Buch gibt ungewohnte Aufgaben und Fragen, welche
bisherige angewöhnte Denkmuster durchbrechen und viel
Raum für neue Perspektiven ermöglicht.

ISBN: 978-3755766452

WILLKOMMEN IM ZAUBERWALD

Geschichten, Metaphern und Lösungsansätze für die
Herausforderungen des Lebens

Geschichten, Metaphern und Fabeln sind faszinierend,
abenteuerlich und lehrreich. Es gerät immer jemand in eine
spannende Situation, die er auf irgendeine Art bewältigt und
löst, oder in denen er versagt. Während der Leser die
Geschichte liest, überprüft das Unterbewusstsein alle
Informationen auf Ähnlichkeiten mit eigenen Erfahrungen
und geben ihnen einen individuellen Sinn.
Ein besinnliches, heiteres und spannendes Buch zur
Unterhaltung und Lösungsfindungen.

ISBN: 9783907246108

HANDBUCH FÜR KRAFTORTE

Kraftorte einmal anders erleben

Kraftorte werden auf Grund ihrer speziellen Energie und Ausstrahlung von vielen Menschen besucht. Wenn man dort länger verweilt, besteht die Möglichkeit mit vielen Übungen und Ritualen, ob für sich allein, mit dem Partner oder in der Gruppe, sich selbst (neu) zu begegnen

Mit über 800 Kraftorten in Deutschland

ISBN: 9783906873848

DAS KLEINE BUCH DER FANTASIEREISEN

Magische Orte der inneren Wahrnehmungen

Hypnotische Fantasiereisen kannst Du nutzen, um zu entspannen, Ereignisse zu erleben, Situationen neu zu bewerten, Kraft zu tanken, sich selbst nahe zu sein. Während der Reise kannst Du Dinge erleben, die Du schon immer einmal machen wolltest. Du kannst Dich innerhalb des Erzählmusters, frei gestalten und hast die Möglichkeit mit den gegebenen Fähigkeiten Potenziale für Dich und Dein Leben zu entdecken.

ISBN: 978-3755784395

AMBROSIUS

DER WEISE MANN VOM ALATSEE

Ungewöhnliche Begegnung an einem Kraftort

(Interessant für Besucher und Urlauber im Allgäu)
Valentin besucht dieses Jahr das Allgäu, weil er seine jährliche Klausur durchführen möchte. Diese wird allerdings völlig anders als er dachte. Am Alatsee, einem mystischen Kraftort, begegnet er Ambrosius, den man auch den weisen Mann nennt. Dieser ermöglicht ihm durch außergewöhnliche Aufgaben in sieben Stationen einen völlig anderen Blickwinkel auf sein Leben. Eine außergewöhnliche Begegnung mit einer imaginären Romanfigur, welche auch an jedem anderen Ort in der Natur stattfinden kann.

ISBN: 978-3754311691

Erwarte in Deinem Leben
nur das Beste für Dich

- Jürgen Wolf -